LOUIS BARTHOU

THIERS ET LA LOI FALLOUX

ÉDITION DE *LA NOUVELLE REVUE*
26, RUE RACINE
PARIS

THIERS ET LA LOI FALLOUX

On prête à de Falloux, sur la loi à laquelle il doit sa célébrité, une boutade amusante. « On l'appelle, disait-il, la loi Falloux quand on en veut dire du mal, et la loi de 1850 quand on en veut dire du bien. » La distinction a cessé depuis longtemps déjà d'être exacte. La loi de 1850 a pris définitivement dans l'histoire le nom du ministre de l'Instruction publique qui en fut le premier auteur. Ce nom, qu'on lui en fasse un honneur ou un crime, résume et caractérise l'œuvre. Ils sont désormais inséparables l'un de l'autre dans la reconnaissance ou dans la réprobation des partis.

De Falloux, pourtant, a souvent décliné cet excès d'honneur. Ses *Mémoires d'un Royaliste*, empreints par ailleurs de tant de fierté, affectent sur ce point une modestie singulière. Il se défend d'avoir voulu faire de ce qu'il appelle « la Liberté d'Enseignement » le triomphe exclusif de son parti ou de sa personne. « Je n'ai droit, dit-il, ni au reproche, ni à l'éloge au-delà d'une très modeste mesure. Mon seul mérite a été d'avoir su m'effacer à propos et de bonne foi. Je n'avais grande confiance ni dans l'avenir du ministère dont je faisais partie, ni dans mon propre avenir. Je sentais qu'il fallait travailler à une œuvre capable de me survivre et qui pût, à mon défaut, être défendue par d'autres. Que devais-je faire pour cela ? Quelque chose de très simple : appeler les représentants de tous les partis sincères à une œuvre collective dans laquelle chacun eût son propre ouvrage et sa propre solidarité à protéger. Ce calcul était élémentaire, et M. de Montalembert m'en eût suscité la pensée, si elle n'était née spontanément de notre commune inspiration et de notre égal dévouement. »

Les événements entrèrent à merveille dans le calcul de de Falloux. Il eut, comme ministre de l'Instruction publique, l'initiative de la loi qui devait détruire le monopole universitaire et organiser l'enseignement libre sur des bases inconnues depuis près d'un demi siècle. Il constitua les commissions chargées d'en préparer les éléments et d'en rédiger le texte. Mais il ne prit aux délibérations de ces commissions aucune part active, et ce fut un autre ministre de l'Instruction publique, M. de Parieu, qui soutint le projet à la tribune de l'Assemblée et en signa la promulgation. Ainsi, la vérité historique s'accorde avec la modestie inattendue de de Falloux et réduit à ses proportions exactes son rôle personnel, qui reste, d'ailleurs, assez lourd encore pour justifier les éloges de ses partisans et les attaques de ses adversaires.

De Falloux, qui n'aurait pas suffi, même aidé du concours trop compromettant de Montalembert et de Dupanloup, à réaliser ses desseins, eut la chance de rencontrer dans les rangs du parti libéral le collaborateur le plus apte à en assurer le succès. L'hostilité de Thiers, peut-être même sa silencieuse indifférence, aurait amené l'échec certain de la loi. Il mit à la soutenir « son honneur, sa raison, son éloquence et sa passion. » Ces expressions sont de M. Henri de Lacombe, qui a publié les procès-verbaux de la commission dans laquelle la loi fut élaborée en 1849. Les documents officiels confirment cette appréciation au point que M. de Lacombe peut ajouter : « La loi Falloux, comme on l'appelle, pourrait s'appeler aussi la loi Thiers. » Rien n'est plus exact. Je crois même que la seconde appellation serait, sinon au point de vue de la paternité, du moins dans l'ordre des responsabilités morales, plus justifiée que la première. Le rôle et l'action de Thiers eurent une prépondérance décisive. Je voudrais dire, en quelques pages, comment il fut conduit à l'exercer, quels événements et quelles influences déterminèrent ce brusque démenti à son attitude la plus récente et cette abdication imprévue dont l'erreur, malgré l'éclat des services rendus, pèse encore sur sa mémoire.

I. Avant la Révolution de Février

Les Décrets du 17 mars 1808 et du 15 novembre 1811 avaient organisé l'Université et lui avaient conféré le monopole de l'enseignement en France. L'article 69 de la Charte de 1830 stipulait « qu'il serait procédé par des lois séparées et dans le plus court délai possible aux objets qui suivent. . . . .

. . . . . 8° L'instruction publique et la liberté de l'enseignement ». Les divers projets déposés de 1830 à 1848 pour organiser l'enseignement sur la base de la liberté, et dont un seul d'ailleurs aboutit, furent l'expression et l'exécution de cette promesse. Le plus important fut présenté le 2 février 1844 à la Chambre des Pairs par M. Villemain, ministre de l'Instruction publique. Il suffit d'en citer les dispositions essentielles pour en résumer l'économie et en préciser le caractère (1).

1° Le droit d'ouvrir des établissements d'instruction est reconnu, en principe, à tous les citoyens.

2° Les membres des congrégations non autorisées sont déclarés incapables.

3° Le pouvoir se réserve le droit de surveillance.

4° L'ouverture de tout établissement d'instruction est subordonnée à des garanties personnelles de moralité et de capacité, dont les premières dépendent des autorités municipales ou judiciaires et dont les secondes sont assurées par un jury spécial institué auprès de chaque académie.

5° Les écoles secondaires ecclésiastiques (petits séminaires) restent sous le régime du privilège.

Ce projet, vivement combattu par le parti catholique et par l'épiscopat, dont il était loin de réaliser les espérances, fit l'objet d'un rapport favorable du duc de Broglie. La discussion n'occupa pas moins de vingt-neuf séances de la Chambre des Pairs. Elle compte parmi les plus remarquables dont s'honore la tribune française. Victor Cousin y connut son plus beau triomphe et le rôle décisif qu'il joua dans ces débats mémorables mériterait une étude particulière. Son discours du 22 avril 1844 surtout n'a pas vieilli. La puissance de l'argumentation et l'éclat de la forme en font un chef-d'œuvre de raison lumineuse, auquel, aujourd'hui encore, il y a plaisir et profit à recourir.

Le projet de Villemain ne subit pas des modifications importantes. Voté par la Chambre des Pairs par 85 voix contre 51, le 10 juin 1844, il fut aussitôt transmis à la Chambre des Députés.

La commission désigna Thiers comme rapporteur. Celui-ci se mit à l'œuvre avec une telle ardeur que son rapport fut déposé le 13 juillet. La rapidité de l'exécution ne nuisit pas à la profondeur et à la beauté de l'œuvre. Thiers a écrit peu de pages plus originales et plus vivantes. Son rapport constitue, avec le discours de Cousin, la défense la plus complète que l'Université ait inspirée. Mais il est mieux qu'une œuvre de circonstance. Thiers y affirme des doctrines et des principes qui ont conservé toute leur force et sont encore d'actualité. On est surpris qu'il ait pu, moins de cinq

(1) Grimaud, *Histoire de la Liberté d'Enseignement*, p. 329-335.

ans après, non seulement les abandonner, mais les combattre au profit de ceux-là mêmes dont il soulevait en 1844 les colères et les dédains. La vie d'un homme public offrit rarement des contradictions plus imprévues et plus choquantes.

*
* *

Thiers commence par établir l'importance exceptionnelle de l'enseignement secondaire et son influence sur l'esprit d'une nation. Enseigner la jeunesse est, de tous les emplois connus dans une société civilisée, le plus délicat et le plus grave. Aussi la société ne doit-elle le déléguer qu'avec la plus grande et la plus minutieuse attention.

Thiers ne considère pas la liberté d'enseignement comme « un droit des enseignants », il lui donne pour base le droit du père de famille. « La liberté d'enseignement, dit-il, n'est pas un droit pour tout individu, quel qu'il soit, de mettre la main sur la jeunesse afin de spéculer sur elle, mais comme un droit pour les pères de trouver dans une diversité d'établissements publics le moyen de satisfaire leurs sollicitudes diverses ».

Selon le rapporteur, « l'enfant qui naît appartient à deux autorités à la fois, au père qui lui a donné le jour, et qui voit en lui sa propre postérité, le continuateur de sa famille, et à l'Etat qui voit en lui le citoyen futur, le continuateur de la nation. Les droits de ces deux autorités sont divers mais également sacrés, et ne doivent être éludés ni l'un ni l'autre. Le père a le droit d'élever cet enfant d'une manière conforme à sa sollicitude paternelle; l'Etat a le droit de le faire élever d'une manière conforme à la constitution du pays ».

Ce passage, que Thiers développe dans des considérations philosophiques et historiques du plus haut intérêt, résume avec une netteté suffisante la doctrine dont il s'inspire en matière de liberté d'enseignement. Toute la portée *politique* de son rapport se ramène à la question des congrégations et à celle des petits séminaires. Ce sont les deux revendications essentielles du parti catholique, celles auxquelles Montalembert et l'épiscopat attachent le plus grand prix. Les congrégations et les petits séminaires sont l'enjeu réel de la grande lutte engagée sous le prétexte de la liberté d'enseignement. C'est autour de ces établissements que la bataille se livre en 1844 comme elle se livrera en 1850. Mais le rôle de Thiers se modifie complètement d'une époque à l'autre. Il défend aujourd'hui ce qu'il livrera demain. Avant que le clergé, séculier ou régulier, éprouve le prix de son alliance, il aura connu la force irrésistible de son hostilité, ou du moins de sa résistance à des concessions qu'il tient pour impossibles. Le rapport de 1844 est le bréviaire laïque de l'Université. Elle ne fut jamais plus solidement défendue et plus énergiquement protégée.

* * *

Le projet de Villemain contenait un article exigeant du déclarant, outre les conditions d'âge, d'aptitude et de moralité, l'affirmation par écrit et signée qu'il n'appartenait à aucune des congrégations religieuses non reconnues par l'Etat. Le duc de Broglie avait fait valoir dans son rapport en faveur de cette disposition, inspirée des ordonnances de 1828, des raisons tellement décisives qu'elle ne réunit contre elle devant la Chambre des Pairs qu'une opposition désarmée et une minorité infime.

Les pages que Thiers lui consacre sont célèbres. Jules Ferry et Spuller eurent plusieurs fois l'occasion de les citer dans les discussions mémorables auxquelles donna lieu l'article 7. Elles ne furent pas davantage méconnues ou oubliées au cours des débats qui préparèrent la loi du 1er juillet 1901 sur le régime des associations. Elles contiennent, en effet, toute la substance historique, juridique et politique du droit public français en matière de congrégations.

Thiers ne se contente pas de refuser le droit d'enseigner à certaines congrégations parce qu'elles rejettent les maximes « invariables et sacrées » de l'Eglise gallicane. Il invoque contre elles « les lois du pays ». Elles ont prononcé, il faut obéir à leur commandement.

Ces lois heurtent-elles les scrupules des catholiques, ou ces scrupules sont-ils légitimes ? Thiers ne saurait l'admettre. Il n'est pas vrai de prétendre que les congrégations sont de l'essence du christianisme, et que c'est attaquer la foi que de les proscrire. D'abord, au moment du Concordat, le Saint-Siège, n'a jamais fait de leur suppression un sujet de ses contestations avec la France. Et l'on sent ce qu'une telle affirmation prend de force sous la plume de l'historien du Consulat. Ensuite « si les congrégations ayant pour objet de procurer à des âmes fatiguées du monde le repos de la retraite religieuse peuvent être regardées comme tout à fait inhérentes à la religion catholique, celles qui ont été créées dans les temps modernes, *les unes pour enseigner*, d'autres pour des intérêts presque temporels, pour se mêler au monde, loin de s'en éloigner, comme les Jésuites, par exemple, celles-là n'ont ni le même caractère ni le même droit à être assimilées au christianisme ».

***

Le rapporteur n'est pas moins formel dans la question des petits séminaires. L'ordonnance du 16 juillet 1828 les soumettait, en échange de certains avantages qu'elle leur concédait, à des obligations rigoureuses destinées à empêcher le renouvellement de certains abus. En d'autres termes, si elle leur accordait des facilités spéciales, soit au point de vue des maîtres, soit au point de vue des élèves, pour favoriser le recrutement du clergé, elle prenait des précautions pour que ces établissements ne pussent pas devenir de véritables maisons privilégiées d'enseignement secondaire.

En réalité, c'est ce qu'ils étaient devenus. Aussi, la Chambre des Pairs, frappée de ces abus, avait-elle résolu de les faire cesser. Le projet de loi décidait que les élèves des établissements secondaires ecclésiastiques ne seraient admissibles qu'en nombre limité par la loi aux épreuves du baccalauréat ès-lettres, et ne pourraient obtenir de diplôme qu'à la condition de justifier qu'ils avaient suivi pendant deux ans, dans lesdites écoles, les cours de réthorique et de philosophie, et que ces cours étaient faits par des professeurs pourvus du diplôme de licencié ès-lettres.

Thiers, dans son rapport, dénonçait ces mêmes abus et la nécessité d'y mettre fin. Jaloux « de conserver dans l'éducation l'esprit de la Révolution française », il ne voulait pas permettre aux petits séminaires de devenir, sans aucune garantie, une université rivale de celle de l'Etat et de remplacer une partie des collèges communaux. Il leur imposait des conditions que Charles X avait inscrites dans ses ordonnances de 1828. Les petits séminaires ne pourraient contenir que 20,000 jeunes gens. Ces jeunes gens seraient tenus, à quatorze ans, de prendre l'habit ecclésiastique. Ils ne pourraient, sortis de ces écoles, se présenter aux examens du baccalauréat, c'est à dire que l'enseignement des petits séminaires ne devait pas conduire aux carrières civiles.

***

La netteté si vigoureuse des conclusions de ce rapport ne suffit pas à satisfaire la conception qui s'était formée dans l'esprit de

Thiers des droits et des devoirs de l'Etat laïque. Son impatience exigeait une sanction immédiate. La loi sur l'organisation de l'enseignement secondaire tardait à figurer à l'ordre du jour. Thiers eut l'occasion de protester contre cet ajournement. Mais sa protestation fut précédée d'un acte plus significatif. J'ai dit qu'il avait invoqué la force des *lois existantes* pour interdire le droit d'enseigner aux congrégations non autorisées. La tolérance des gouvernements avait, malheureusement, laissé tomber ces lois en désuétude.

Le 2 mai 1845, Thiers monta à la tribune de la Chambre des députés pour interpeller le Garde des Sceaux sur leur exécution. Son discours fut un événement parlementaire de la plus haute importance. La démonstration de la valeur légale des articles organiques, l'éloge des mesures prises par l'Assemblée Constituante contre les congrégations religieuses, la comparaison des droits de l'Eglise et de ceux de l'Etat, l'évocation de la tradition continue du droit national sous tous les gouvernements, sont des morceaux classiques auxquels le temps n'a rien enlevé de leur forte et simple beauté.

Les empiètements et les menaces de l'action cléricale en matière d'enseignement y sont dénoncés en une une phrase qui dit tout : « On a cru que la société française, que le siècle appartenaient à ceux qui voudraient s'en servir et l'on a conçu l'incroyable pensée d'obtenir pour le clergé l'éducation de la jeunesse ». Pour mettre fin à ces dangers, chaque jour plus redoutables, l'éminent orateur demandait l'exécution des lois « obligatoires pour tous ». Le gouvernement, mis en demeure d'agir par un ordre du jour formel, que la Chambre adopta à une très grande majorité, entama avec Rome des négociations qui aboutirent, de l'aveu du Vatican, à la dissolution de l'ordre des Jésuites, à la dispersion de ses noviciats et à la fermeture de ses maisons.

*
* *

Le 29 janvier 1846, Thiers prononça un important discours pour combattre la réorganisation du Conseil de l'Instruction publique tel que de Salvandy l'avait reconstitué par une ordonnance du 7 décembre 1845. Ce débat fut pour Guizot et pour de Salvandy l'occasion de faire des déclarations dont les adversaires de l'Université parurent éprouver quelque satisfaction. Il en résulta un certain malaise que la gauche s'employa aussitôt à dissiper. Odilon Barrot demanda, en son nom et à cet effet, la discussion immédiate du projet de loi sur la liberté de l'enseignement. Le ministre s'y opposa. Il railla les membres de la commission, peu pénétrés sans doute de cette urgence puisqu'ils n'avaient pas sollicité d'eux-mêmes l'inscription du rapport de Thiers à l'ordre du jour. Ainsi mis en cause, le rapporteur monta à la tribune et répondit par des explications de fait aux reproches du ministre de l'Instruction publique (21 février 1846). Il s'étonna surtout du langage et de l'attitude de Guizot qui avait affirmé un changement de son opinion dans la question de la liberté d'enseignement et qui avait annoncé le dépôt d'un projet nouveau. Il lui reprocha vivement cette contradiction imprévue dans une question « où il s'agit des principes essentiels de notre société, et ces principes sont vieux comme 89 ».

Pourquoi le Gouvernement, reniant son propre projet, renonçait-il à « défendre les droits de l'enseignement national contre toutes les influences qui veulent le détruire ? » Thiers s'expliquait là-dessus avec une grande vivacité de franchise. « Lorsqu'on a consenti, disait-il, à exécuter les lois de l'Etat à l'égard des congrégations religieuses, je ne m'en suis réjoui qu'avec beaucoup de réserve ; je me suis dit qu'on nous ferait peut-être payer cher cette prétendue concession. Eh bien, je le déclare hardiment à la face du pays, cette prétendue concession obtenue à Rome, on l'a payée, oui, on l'a payée par le sacrifice de l'une des plus grandes institutions nationales ».

Malgré cette protestation énergique, la mise à l'ordre du jour fut repoussée, selon l'avis du gouvernement, par 211 voix contre 144. Le rapport de Thiers ne vint jamais en discussion.

Ce discours et cette date marquent la dernière intervention de Thiers dans les questions d'enseignement avant la Révolution de Février. J'en ai assez dit pour prouver que ses convictions, affirmées avec éclat au cours des débats parlementaires, n'avaient pas jusque-là connu une défaillance. L'Université et l'Etat laïque n'eurent pas, pendant de nombreuses années, de partisan plus fidèle et de plus éloquent défenseur. Avec la Révolution de Février le changement est aussi complet qu'imprévu. L'adversaire des congrégations religieuses se fait leur allié et se constitue leur avocat, trop habile et trop heureux, hélas ! contre l'Université et contre l'Etat.

II. Les Alliances et le plan de Campagne

Jules Simon, définissant l'esprit des anciens libéraux, a dit que « pour eux les faits étaient tout, et les principes presque rien ». Ce mot sévère semble avoir été écrit pour caractériser l'évolution de Thiers dans la question de la liberté d'enseignement. Et c'est bien à lui, en effet, et à cette occasion, que Jules Simon l'applique. On n'est jamais mieux jugé que par les siens.

La Révolution du 24 février 1848 fut le *fait* qui, chez Thiers, l'emporta sur les *principes*. Son attitude serait inexplicable si l'on ne savait l'extraordinaire impression qu'il ressentit de cet événement subit. Il en fut littéralement affolé. De Tocqueville a transcrit dans ses *Souvenirs* le récit qu'il tenait d'un témoin, « un homme plein de vigueur, d'esprit et de résolution », M. Talabot. Cette page appartient à l'histoire, qu'elle éclaire et fait comprendre. Il faut la citer en entier.

« Il paraît, me dit-il, que M. Thiers, en traversant la place Louis XV, avait été injurié et menacé par quelques hommes du peuple, il était très troublé et très ému quand je le vis arriver dans la salle des conférences ; il vint à moi, me prit à l'écart et me dit qu'il allait être massacré par la populace si je ne l'aidais à fuir ; je le pris aussitôt sous le bras et le priai de m'accompagner sans rien craindre. M. Thiers voulut éviter le pont Louis XVI de peur de se trouver dans la foule ; nous allâmes au pont des Invalides, mais aussitôt, il crut apercevoir un attroupement de l'autre côté de la rivière et refusa encore de passer. Nous gagnâmes le pont d'Iéna qui était libre, nous le traversâmes sans difficulté ; mais de l'autre côté, M. Thiers, découvrant sur les gradins en amphithéâtre où devait être bâti le palais du roi de Rome, quelques gamins qui criaient, se jeta aussitôt dans la rue d'Auteuil, et entra dans le bois de Boulogne ; là, nous eûmes le bonheur de trouver un cabriolet qui consentit à nous conduire par les boulevards extérieurs, jusqu'aux environs de la barrière de Clichy, par où nous regagnâmes sa maison. Pendant tout ce trajet, ajoutait M. Talabot, et surtout au début, M. Thiers me parut presque hors de son bon sens ; il gesticulait, il sanglotait et prononçait des paroles incohérentes ; la catastrophe dont il venait d'être témoin, l'avenir du pays, ses propres périls, formaient un chaos au milieu duquel sa pensée s'agitait et s'égarait à tous moments » (1).

Voilà pour le fait. Voici pour les principes. Thiers écrivait le 2 mai 1848 à M. Madier de Montjau une lettre que *l'Ami de la Religion* rendait publique le 18 juin 1848. Le rapporteur de 1844 et l'interpellateur de 1845 y font amende honorable dans des termes qui constituent, la plus loyale si l'on veut, mais à coup sûr

(1) A. de Tocqueville, *Souvenirs*, p. 83-84.

la plus extraordinaire des rétractations. J'en cite, les ramenant à l'objet de cette étude, les passages les plus significatifs.

« ... Quant à la liberté d'enseignement, je suis changé. *Je le suis, non par une révolution dans mes convictions, mais par une révolution dans l'état social...* Je ne vois de salut (contre les entreprises de la démagogie), s'il y en a, que dans la liberté de l'enseignement... L'enseignement du clergé que je n'aimais point, pour beaucoup de raisons, me semble meilleur que celui qui nous est préparé... Je porte ma haine et ma chaleur de résistance là où est aujourd'hui l'ennemi. Cet ennemi, c'est la démagogie, et je ne lui livrerai pas le dernier débris de l'ordre social, c'est-à-dire l'établissement catholique (1). »

A partir de ce jour, sans que, de son propre et si caractéristique aveu, ses convictions aient changé, Thiers va modifier son attitude et, je le dis avec regret, changer de camp. Montalembert et le parti catholique oublieront sans peine les attaques de leur ancien adversaire pour mesurer avec une joie ardente la force que leur apporte cette puissante et nouvelle recrue. Ils avaient besoin de Thiers, mais, le premier, Thiers, eut besoin d'eux.

Il se rapprocha de Montalembert. Dans une entrevue qu'il sollicita, il lui fit part de sa conversion et, ce gage fourni, lui demanda son concours en vue des élections législatives. Montalembert, qui, par l'intermédiaire des évêques, avait mis en mouvement toutes les forces cléricales et conservatrices du pays, ne commit pas la faute de le repousser. Comment, dit le R. P. Lecanuet, son plus récent biographe, auquel j'emprunte le récit de cette entrevue, comment « n'eût-il pas accueilli avec joie un pécheur si bien disposé ? » C'est à Thiers, à n'en pas douter, que Montalembert pensait quand il écrivait, dans une de ses circulaires aux catholiques : « *Ne calculons pas à la distance des opinions anciennes la distance qui nous sépare de tels et tels candidats. Ceux qui ont pu naguère nous affliger ou nous effrayer par des paroles peuvent demain sauver le pays et la liberté par des actes d'énergie et de dévouement* (2) ».

Thiers, ayant échoué partout aux élections générales, se représenta en mai 1848 dans la Seine-Inférieure. Son élection dépendait des catholiques, qui le tenaient à leur merci. De nouveau, et par lettre, il sollicita le concours et l'intervention de Montalembert. Celui-ci se multiplia en démarches pressantes auprès de

(1). Grimaud. Op. cit., p. 386.
(2). Lecanuet. *Montalembert*. II. p. 391.

ses partisans qui manifestaient une vive répugnance et même de la résistance à l'encontre de Thiers dont ils n'avaient pas oublié le rapport et les discours contre les congrégations religieuses. Montalembert dut leur donner l'assurance formelle que, si ses opinions personnelles n'avaient changé en rien, « *celles de Thiers s'étaient modifiées dans un bon sens* ». Les difficultés furent réelles et certaines oppositions irréductibles. Un homme influent, M. Longhaye, qui plus tard se fit jésuite, écrivait dans une lettre débordante de colère « La foi, l'honneur et la probité ne peuvent s'allier avec le scepticisme et l'improbité la plus proclamée qu'il y eût. Jamais M. Thiers n'aura ma voix. » (1).

Malgré tout, Thiers fut élu. Il paya largement sa dette à ceux qui avaient assuré son succès. Montalembert avait promis que son protégé n'attaquerait plus la liberté d'enseignement et il affirmait qu'il ne redoutait plus les jésuites. Il les redoutait si peu que, de Falloux aidant, il devint leur défenseur.

Le général Cavaignac, sollicité par le parti catholique d'abandonner, en échange de son concours, les projets de Carnot sur l'instruction primaire, refusa de prendre aucun engagement. Montalembert se retourna vers Louis Bonaparte et réclama de lui la promesse d'assurer la liberté d'enseignement et la liberté des associations religieuses (30 octobre 1848). Encore indécis sur les concours qu'il pouvait attendre et sur les alliances qu'il devait contracter, le candidat présidentiel répondit évasivement et se donna le temps de réfléchir. Ses réflexions aboutirent à cette phrase de son manifeste du 29 novembre, qui donna pleine satisfaction à Montalembert : « *La protection de la religion entraîne comme conséquence la liberté d'enseignement.* » C'était envers le parti catholique une concession évidente et un appel non déguisé. Ce parti assura le 10 décembre l'élection du prince Bonaparte à la présidence de la République. Comme l'a écrit de Falloux, le « scrutin du 20 décembre 1848 ne trompa qu'en les dépassant les prévisions du parti conservateur. »

Le nouveau Président confia à Odilon Barrot le soin de former un ministère. Ce n'était pas le prendre au dépourvu, car, avant même l'élection présidentielle, Odilon Barrot avait commencé ses

(1) Lecanuet, p. 393.

démarches en vue de la constitution d'un cabinet. Il avait, notamment, sollicité le concours éventuel de de Falloux pour le portefeuille de l'Instruction publique. de Falloux lui opposa un refus positif. Mais, plus tard, il dut céder devant les objurgations pressantes dont il fut l'objet.

De Falloux, envoyé à la Constituante, en avril 1848 par les électeurs de Maine-et-Loire, et réélu à la Législative, avait joué un rôle important dans les deux assemblées. Légitimiste et conservateur, il était, avant tout et par dessus tout, *catholique*. Il avait écrit une *Histoire de Saint-Pie V* dans laquelle il parlait de l'Inquisition avec une indulgente tendresse. De Tocqueville lui a consacré dans ses *Souvenirs* quelques lignes auxquelles l'histoire n'a rien à ajouter.

« Celui des ministres qui avait le plus sa confiance (du Président) était Falloux : j'ai toujours cru que celui-ci l'avait gagné par quelque chose de plus substantiel que ce qu'aucun de nous ne pouvait ou ne voulait offrir.

« Falloux, qui était légitimiste de naissance, d'éducation, de société et de goût, si l'on veut, n'appartenait, au fond, qu'à l'Eglise. Il ne croyait pas au triomphe de la légitimité qu'il servait et ne cherchait, au travers de nos résolutions, qu'un chemin pour ramener la religion catholique au pouvoir. S'il était resté au ministère, c'était pour veiller aux affaires de celle-ci, et, comme il me le dit dès le premier jour, avec une habile franchise, par le conseil de son confesseur. Je suis convaincu que, dès l'origine, Falloux avait entrevu le parti qu'on pouvait tirer de Louis Napoléon pour l'accomplissement de ce dessein, et que, se familiarisant de bonne heure avec l'idée de voir le Président devenir l'héritier de la République et le maître de la France, il n'avait songé qu'à utiliser cet événement inévitable. Il avait offert l'appui de son parti sans pourtant se donner jamais lui-même » (1).

Il n'y a qu'une rectification à faire à ce portrait admirable. De Falloux n'offrit pas, mais il eut l'habileté plus grande de se faire marchander son concours.

Il résista, avant d'accepter le ministère, aux assauts répétés de Montalembert et du P. de Ravignan comme aux remontrances, empreintes d'amertume, de Molé. Ce fut l'abbé Dupanloup qui triompha de son refus (2). Mais de Falloux n'accepta que sous

(1) De Tocqueville, *Souvenirs*, p. 353-354.
(2) Mémoires d'un Royaliste, p. 392-398.

certaines conditions dont il demanda de saisir immédiatement Thiers lui-même. Je lui laisse la parole pour raconter cette conversation, véritablement historique, dont les résultats exercent encore leur action sur les destinées du pays.

« Le Salon de la place Saint-Georges commençait à se remplir. M. de Montalembert y entra seul et dit à l'oreille de M. Thiers que je l'attendais dans une pièce voisine. Il accourut aussitôt vers moi, les deux mains tendues.

Ne me remerciez pas encore, lui dis-je. Je viens à vous *parce que les prêtres m'envoient* (je me servis à dessein de cette expression pour bien mettre tout de suite mon interlocuteur en face de la difficulté). J'accepte le ministère, si vous me promettez de préparer, de soutenir et de voter avec moi une loi de liberté de l'enseignement. Sinon, non.

— Je vous le promets, je vous le promets, répondit M. Thiers avec effusion, et, croyez-le bien, ce n'est pas un engagement qui me coûte. Comptez sur moi, car ma conviction est pleinement d'accord avec la vôtre. Nous avons fait fausse route sur le terrain religieux, mes amis les libéraux et moi, nous devons le reconnaître franchement. Maintenant, laissez-moi courir chez le prince Louis qui reçoit, à cette heure même, de détestables conseils, et, dans quelques heures peut-être, ne serait-il plus temps de le soustraire à de funestes influences » (1).

De Falloux devint ainsi ministre grâce à Thiers. C'est à Thiers aussi qu'il dut le succès de son entreprise. Celui-ci, comme il l'avait promis, *prépara, soutint et vota* la loi fatale qui, sous le prétexte de la liberté d'enseignement, jeta aux pieds de l'Eglise les libertés publiques et le pays.

III. La Préparation et le Vote de la Loi

Appelé au ministère de l'Instruction publique le 20 décembre 1848, de Falloux se mit aussitôt à l'œuvre et marqua par son empressement même l'importance de la tâche que le parti catholique lui avait assignée. Dès le 4 janvier 1849, il instituait deux commissions extra-parlementaires, chargées d'examiner : l'une les questions relatives à l'enseignement primaire ; l'autre, les questions relatives à l'enseignement secondaire. Les deux commissions se réunirent et choisirent Thiers pour président.

(1). *Mémoires d'un Royaliste*, p. 398 et 399.

M. de Lacombe a publié les procès-verbaux de cette commission, qui prépara la loi du 15 mars 1850 (1).

J'ai déjà dit que de Falloux, s'il assista à quelques séances, ne prit aucune part active à la discussisn. Thiers y joua, dès le début et jusqu'à la fin, un rôle prépondérant.

Son état d'esprit se révèle presque à chaque page des procès-verbaux. Il est toujours sous l'impression des événements de 1848. Il parle de « l'abîme qui menace de tout engloutir », de la société « qui est certainement en danger de périr » et de la nécessité de faire appel, pour la sauver, à toutes les forces conservatrices du pays. « Hélas! dit-il, nous nous étions endormis confiants, et notre vaisseau faisait eau sans que nul fût à la pompe; ce n'est qu'en échouant que nous nous sommes sauvés du naufrage complet. Quand donc serons-nous à flots ? A l'œuvre donc, et disons crûment toute la vérité ».

Il rend les instituteurs responsables de tout le mal et sa haine méprisante déborde contre eux dans des discours où il perd toute mesure. Il les traite d' « individus », de « détestable engeance, qu'il exècre profondément » et dont il poursuit la dispersion. Si dur pour les maîtres, il n'est pas moins sévère pour l'instruction elle-même. L'ancien adversaire libéral de Guizot condamne le principe même de la loi de 1833 et se prononce contre le développement de l'enseignement primaire. « L'instruction, va-t-il jusqu'à dire, est un commencement d'aisance, et l'aisance n'est pas réservée à tous ». Quelle revanche pour Montalembert et pour le parti catholique! On devine leur surprise et leur joie profondes. Thiers leur donne plus qu'il n'avait promis et qu'ils n'avaient espéré. Cela ne suffit pas encore. Ce sont eux qui jugent certaines concessions excessives et l'on assiste dans les procès-verbaux à ce spectacle pénible de Dupanloup donnant à Thiers, sinon des leçons de libéralisme, du moins des conseils de modération et de prudence.

Car l'ancien rapporteur de 1844 ne veut rien moins que « livrer au clergé tout l'enseignement primaire ». Et ce n'est pas une boutade. Il y revient à chaque instant et s'y obstine. A l'abbé Daniel, ancien recteur de l'Académie de Caen, il pose une question où il accuse nettement tout son plan et ses projets. « *Si on abandonnait aux curés le traitement des instituteurs, pourraient-ils se charger de l'enseignement primaire?* » L'abbé Daniel, qui mourut évêque, estime qu'il y aurait un « inconvénient grave ». D'autres, dans la

(1) *Débats de la commission de 1849*, Paris, libr. Tequi, 1899.

Commission, le pensent aussi, qui ne sont pas suspects de tendresse pour l'enseignement laïque : M. Roux-Lavergne, rédacteur en chef de l'*Univers*, et M. Laurentie. C'est au nom des intérêts mêmes de l'Eglise, et par souci de son influence, qu'ils refusent de suivre Thiers dans la voie aventureuse où il veut engager le clergé.

Mais les dialogues les plus suggestifs sont ceux qui s'échangent entre Thiers d'un côté, Montalembert et Dupanloup de l'autre. Thiers, « sans tenir compte des préventions et des criailleries », développe, une fois de plus, son idée favorite de « confier exclusivement au clergé toute l'instruction primaire », et de charger les congrégations religieuses du soin de former les instituteurs. Dupanloup se contente « d'une part d'influence et de surveillance ». Si l'école, dit-il, ne peut pas se faire par le curé, qu'elle se fasse « du moins près de lui et sous sa direction ». Montalembert exprime la même opinion. Il s'élève contre « l'influence exclusive » que Thiers veut attribuer au clergé. Il s'avoue « réactionnaire en politique », mais il refuse de l'être dans cette question. Ce n'est pas la moins piquante surprise de cette commission que d'y trouver Dupanloup plus libéral et Montalembert moins réactionnaire que Thiers. On hésiterait à le croire si l'on n'avait sous les yeux les procès-verbaux authentiques. Ils ne sont pas faits pour grandir sur ce point la mémoire de Thiers. D'ailleurs, son idée ne prévalut pas. La loi du 15 mars 1850 ne substitua pas les curés aux instituteurs laïques, mais elle rendit l'école serve de l'Eglise et conféra au clergé la *surveillance*, la *direction* et *l'influence* dont Dupanloup, diplomate avisé, avait su se contenter en 1849.

***

Il faut dire tout de suite à l'honneur de Thiers que l'enseignement secondaire lui inspira, du moins pendant les premières séances, une attitude plus digne de son passé.

Il en avait déterminé l'importance exceptionnelle dans son rapport de 1844. « L'instruction secondaire est la plus influente sur l'esprit d'une nation.... Si l'instruction primaire tire le peuple de l'état de barbarie où il végète sur une grande partie de la terre, si l'instruction supérieure prépare les jeunes gens destinés aux carrières libérales à les parcourir avec éclat, l'instruction secondaire, qui occupe l'homme pendant toute la durée de l'enfance, qui lui communique l'ensemble des connaissances humaines, l'instruction secondaire forme ce qu'on appelle les classes éclairées d'une nation. Or, si les classes éclairées ne sont pas la nation tout entière, elles la caractérisent. Leurs vues, leurs qualités, leurs penchants, bons et mauvais, sont bientôt ceux de la nation tout entière, elles font le peuple lui-même par la contagion de leurs idées et de leurs sentiments. Il est naturel que ce soit à l'occasion de l'instruction secondaire que naissent les grandes questions morales et politiques dont l'éducation publique peut devenir le sujet ».

Thiers commence par affirmer ces mêmes idées devant la commission de l'enseignement. Aux *masses* « qui ont besoin de vérités imposées et dont la foi doit être la seule philosophie », il oppose les *classes moyennes* de la société « dont l'esprit, qui veut comme un droit la libre discussion philosophique, se révolterait contre les doctrines imposées ». Il reconnaît à l'Etat « le droit de frapper la jeunesse à son effigie » et il ne veut pas abandonner le « principe essentiel » de son autorité sur l'enseignement. Il fait aux jésuites de Fribourg une allusion attristée et significative. « Ç'a été et ce sera toujours une grande douleur pour moi de savoir, par exemple, qu'à Fribourg on peut enseigner à de jeunes Français la haine contre le gouvernement de leur pays. »

C'est sur l'admission au bénéfice de la loi et au droit d'enseigner des congrégations *non reconnues par l'Etat* que la discussion s'établit entre Thiers et Dupanloup. Cousin vint au secours de Thiers et prononça plusieurs allocutions remarquables. Au contraire, Montalembert, dont M. de Lacombe loue la « délicatesse habile », se tint prudemment dans l'ombre pour ne pas compromettre, par son passé trop militant et trop connu, les résultats des négociations.

Sur les certificats d'études, sur les grades, sur l'organisation des petits séminaires, à l'occasion desquels Thiers céda tout sans rien obtenir, l'accord fut relativement facile. Il n'en alla pas de même en ce qui concerne les congrégations. Dupanloup voulait conférer le droit d'enseigner aux congrégations « *dûment autorisées par l'Eglise* », Thiers et Cousin ajoutaient : « *et par l'Etat* ». Tout le débat tourna autour de ces trois mots.

Dupanloup prétendait que l'exclusion des congrégations blessait « tout à la fois la liberté de l'homme, les droits du citoyen et la conscience du chrétien. Elle devait être rejetée par toute intelligence libre et honnête ». La *libre* et *honnête* intelligence de Thiers opposa à cette prétention une vive résistance. Il se refuse à faire « un métier de dupe ». Sur le droit de l'Etat, qu'il proclame « supérieur à celui du père de famille », il prononce de fortes paroles. Elles sont à citer.

« Il s'agit d'inspirer aux générations nouvelles le sentiment de la nationalité. De même qu'il convient que l'on soit Anglais en Angleterre, Romain à Rome, il faut être Français en France... Vous voulez continuellement combattre l'autorité de l'Etat, par respect, dites-vous, pour l'autorité du père de famille, autorité respectable assurément, mais qu'il ne faut pas exagérer. Quant à moi, j'estime qu'avant tout l'Etat doit être maître dans le pays. L'on voudrait que dans notre pauvre France, si fatiguée de ses dissensions civiles, l'Etat fût obligé de laisser s'élever des établissements d'instruction où les principes constitutifs de notre organisation politique et sociale seraient combattus ? Des établissements comme était celui de Fribourg où l'on faisait, je le dis parce que c'est ma pensée, de mauvais citoyens ? Cela est inadmissible ».

Il se réclame des anciens Parlements, des traditions de la Révolution, des déclarations de l'Eglise gallicane. D'un mot, il découvre les secrets desseins de Dupanloup et de Montalembert. « Tranchons le mot, disons-le franchement : toute cette guerre est faite pour que les jésuites puissent enseigner en France ». Dupanloup et Montalembert le reconnaissent.

Montalembert déclare que sans les congrégations ils pourraient bien « demeurer impuissants. Si nous doutions du bien à faire par l'intervention des congrégations religieuses, assurément nous ne devrions pas discuter, car se serait de notre part hypocrisie bien blâmable. Et c'est parce qu'au contraire nous sommes pénétrés du mal existant et du bien à faire que nous avons soutenu et que nous soutenons le droit des congrégations à l'enseignement. »

Ce droit, on sent que Thiers ne consentira jamais à le concéder formellement et à l'inscrire dans un texte précis de la loi. Son opposition est trop absolue pour être réduite. Comment faire ? Déjà des paroles aigres ont été échangées. Le sort de la loi est en suspens. Va-t-on rompre les négociations, et l'Église, se heurtant à une résistance inattendue, va-t-elle perdre le bénéfice d'une longue campagne, commencée sous d'aussi heureux aupices ? Dupanloup se rend compte des difficultés auxquelles il se heurte et il mesure toute l'étendue de ce désastre imprévu. Sa diplomatie s'ingénie à découvrir un moyen d'entente. Il le trouve. Puisque les congrégrations ne peuvent obtenir un *droit formel*, elles se contenteront et s'accommoderont du *silence*. Cousin proteste contre ce moyen terme, dans lequel il ne voit autre chose qu'un « acte de faiblesse et de pusillanimité ». Mais Thiers, après un discours flatteur et habile de Dupanloup, cède et se-

résigne. Mais il ne se résigne qu'à moitié. Ses paroles et ses concessions laissent une porte ouverte. Sa dignité se refuse à une abdication trop absolue. Comment oublierait-il les fortes et décisives raisons qu'il a fait valoir en 1849 en faveur des « lois existantes » et de leur application nécessaire !

« Revenons aux congrégations, dit-il, vous demandez, vous, leurs défenseurs, une seule chose, le silence à leur égard. Soit, ça pourra être pour le moment une satisfaction à votre amour propre, mais cela ne changera rien à l'état des choses, car les lois de l'Etat, relativement aux congrégations religieuses, ne sont pas, que je sache, rapportées.

De toutes parts. — Mais si, mais si, que faites-vous donc du libre droit d'association inscrit dans la Constitution ?

Thiers. — Vous seriez tous contre moi que cela ne m'empêcherait pas de vous dire que vous êtes dans le faux... Vous êtes, Monsieur de Montalembert, un homme sérieux. Croyez-vous qu'il nous suffira de sortir d'ici avec l'apparence d'un accord sans être d'accord au fond ?...

En ce qui tient aux congrégations non reconnues par l'Etat, si l'on se contente du silence, j'y consens ! seulement, j'en appelle à l'avenir ».

La concession suffisait aux congrégations. Elles savaient le parti qu'elles pourraient tirer du silence. Jules Simon a fort bien résumé le caractère et la portée du débat. « Les catholiques, battus sur le rappel des Jésuites, demandèrent au moins le silence. Si les Jésuites n'étaient pas mentionnés dans la loi, M. de Falloux les admettrait : après lui, on verrait. »

Ce qu'on a vu, avec et après de Falloux, deux chiffres l'indiquent : en 1854, les établissements ecclésiastiques et congréganistes (non compris les petits séminaires) comptaient 21.195 élèves ; ils en réunissaient 68.825 en 1899 ! !

On comprend la joie de Dupanloup. « Quand la République, écrivait-il à Montalembert, n'aurait été faite que pour ramener les Jésuites, toutes les congrégations religieuses et la liberté d'enseignement en France, et tout cela par M. Thiers, je comprendrais pourquoi Dieu l'a permise. Quiconque ne voit pas là visiblement la Providence ne verra jamais rien ».

J'ai trop démontré déjà combien Thiers mérita cet éloge. Son rôle dans la commission y suffirait. Mais il ne sut pas se contenter de ce rôle. Un moment, effrayé peut-être de la portée de ses concessions, il eut la pensée de ne pas prendre part à la discussion publique du projet de loi qu'il avait préparé. « Vous me permettrez, disait-il, de me cacher sous la table ». Cela aurait mieux valu pour sa mémoire. Il ne se cacha pas sous la table, il monta à la tribune. Son éloquence, vive et alerte, plus nourrie, dans cette circonstance, de mots que de faits, assura le succès de la loi. A ceux qui veulent mesurer l'étendue de sa soumission, je recommande de rapprocher son premier discours du 23 février 1850 de son rapport du 13 juillet 1844, et son discours du même jour de son interpellation contre les Jésuites du 2 mai 1845. Il me serait pénible d'insister sur cette analyse et sur cette comparaison.

Dirai-je, maintenant, ce que fut la loi Falloux — qu'on pourrait plus justement appeler la loi Thiers — et quels effets politiques et sociaux elle ne tarda pas à produire ? Je craindrais, si je l'appréciais avec la sévérité qu'elle mérite, de paraître obéir à des préoccupations de parti et aux suggestions de l'actualité. Le jugement d'un ami intime de Thiers sera sans doute d'autant moins suspect de partialité que M. de Rémusat, auquel je l'emprunte, appartenait à la nuance la plus modérée du parti républicain.

« Thiers, dit-il, ne put défendre complètement la loi du vice qui lui a été reproché de livrer la jeunesse et la société de l'avenir à deux courants opposés l'un à l'autre, d'où devait sortir un conflit, comme la foudre résulte de deux nuages électrisés différemment. Ces deux courants depuis longtemps en lutte, la loi de 1850 en a hâté et aggravé la rencontre. Si les partis sont devenus des sectes, le succès des principes de M. de Falloux n'y a pas été étranger » (1).

La sobriété et la modération de cette critique, que l'on pourrait sans parti pris excessif rendre plus sévère, ajoute à sa force et l'élève au rang d'un jugement historique. Mais qui peut douter, sur l'exposé complet et loyal des faits, de la part décisive que prit Thiers dans le succès, que M. de Rémusat déplore, des principes de de Falloux ? Le parti clérical, dont le ministre de l'Instruction publique était le mandataire délégué et avoué dans le cabinet Odilon Barrot, n'aurait pas triomphé sans le concours précieux et actif de cet allié puissant, qui était, la veille, son plus redoutable adversaire. De Falloux, tombé malade, dut se résigner à abandonner la partie et à céder à d'autres le soin de mener la bataille contre l'Université et contre la liberté. Ni son successeur M. de Parieu, ni le rapporteur de la loi, M. Beugnot, n'étaient de taille à le suppléer dans un rôle qu'il n'avait assumé

(1) P. de Rémusat, *A. Thiers*, p. 113.

lui-même qu'après des hésitations inspirées par la crainte de son insuffisance. L'habileté de Montalembert, seul capable d'égaler son grand talent aux difficultés de cette situation décisive et sans doute unique, fut de s'effacer jusqu'au dernier moment derrière l'autorité et l'expérience de Thiers. Dans cette lutte où, selon le mot de Jules Simon, il s'agissait « sous le nom de liberté, de retour à la domination cléricale », quel coup de maître et quelle fortune inespérée de prendre pour chef, pour avocat, pour orateur, le représentant le plus illustre de la bourgeoisie libérale !

La peur fut pour Thiers, en 1849 et en 1850, une mauvaise conseillère. De Falloux appelle du nom d'héroïsme son abdication et ses défaillances. Il exalte cette heure exceptionnelle de la vie de Thiers, à laquelle il oppose les « entraînements révolutionnaires de sa jeunesse » et les « ambitions entachées de personnalité de sa vieillesse ». Celui qui prit l'initiative de la loi néfaste du 15 mars 1850 ne peut penser autrement de celui qui l'a faite. Mais la démocratie, éclairée par les événements, et qui a pu juger de l'arbre à ses fruits, est moins complaisante. Les conséquences de cette faute ont si lourdement pesé sur elle qu'il a fallu, pour la rendre indulgente, un quart de siècle de services rendus par Thiers, revenu de son erreur, à la Liberté et à la Patrie.

Louis BARTHOU.

AUXERRE-PARIS. — IMPRIMERIE ALBERT LANIER

AUXERRE-PARIS. — IMPRIMERIE ALBERT LANIER

Défauts constatés sur le document original

Contraste insuffisant ou différent, mauvaise qualité d'impression

Under-contrast or different, bad printing quality

www.ingramcontent.com/pod-product-compliance
Ingram Content Group UK Ltd.
Pitfield, Milton Keynes, MK11 3LW, UK
UKHW020231200726
13856UKWH00004B/1712

9 782013 541527